GESTÃO POR OBJETIVOS

Tirar o melhor partido dos seus empregados

50MINUTES.com

GESTÃO POR OBJETIVOS

Tirar o melhor partido dos seus empregados

escrito por Renaud de Harlez
traduzido por Alva Silva

GESTÃO POR OBJETIVOS

- **Nome:** Gestão por objetivos (MBO), Gestão de projetos, gestão por resultados

- **Utilizações:** O modelo é utilizado no mundo empresarial por diretores de Recursos Humanos, gestores de vendas, gestores operacionais, gestores de projetos, consultores internos e externos, etc. Por exemplo, permite:

  - gestores definir objetivos precisos para as próximas tarefas dentro da empresa, analisar os resultados e dar recompensas de acordo com o desempenho;
  - colegas fixarem objetivos de desempenho.

- **Por que é bem-sucedido?** Este estilo de gestão é eficaz porque proporciona um quadro para os gestores negociarem com os empregados, estabelecerem uma linha de ação e estabelecerem os objetivos a atingir. Traz clareza a toda a hierarquia da empresa. Além disso, quando um empregado concorda em ser confiado com objetivos mais complicados, este sistema conduz a um nível superior de desempenho em comparação com os objetivos mais simples que lhe são atribuídos.

- **Palavras-chave:** Gestão, objetivos, técnicas de gestão

A gestão por objetivos surgiu no contexto do crescimento económico. Mal organizadas de antemão, muitas empresas americanas assistiram à expansão e descentralização desde os anos 50. Isto requer repensar a sua estrutura.

O processo MBO foi estabelecido por Peter Drucker (teórico de gestão austríaco-americano, 1909-2005), enquanto observava a organização de empresas como a General Motors. Em 1954, publicou os trabalhos *The Practice of Management*. Um dos capítulos, *Management by Objectives and Self Control*, fornece a primeira definição do modelo. Quinze anos mais tarde, John Humble (um consultor inglês) acrescentou a sua contribuição para o modelo, oferecendo um método MBO.

Finalmente, Octave Géliner (economista francês, 1916-2004) ofereceu a sua própria versão do MBO: Gestão Participativa por Objetivos. Baseia-se em três elementos: conhecimento dos objetivos, estrutura e procedimentos de participação. O MBO tomou agora uma nova forma e tornou-se um sistema de gestão, e não apenas de organização.

 **DEFINIÇÃO**

A gestão por objetivos (MBO) é um processo em que a direção e os funcionários definem objetivos e negociam a ação e os prazos necessários para os alcançar.

MBO é uma ferramenta disponível para os gestores criarem um quadro de negociação com os empregados. Foi concebido para aumentar o desempenho de uma organização, transformando objetivos coletivos em metas específicas e precisas, beneficiando tanto a unidade organizacional como os empregados indi-viduais. Os resultados são regularmente revistos e os indivíduos são recompensados em conformidade. Este é o único processo de gestão que capacita os empregados, uma vez que o MBO permite-lhes tomar a seu cargo a organização do seu próprio trabalho de uma forma que lhes convém. Quando os empregados participam na definição dos seus objetivos, ficam mais motivados e certificam-se de que atingem os seus objetivos.

TEORIA DO CONCEITO

QUEM O UTILIZA?

Desde os gestores aos principais executivos (em diferentes sectores de gestão, tais como marketing, finanças e recursos humanos), todos aqueles que têm uma posição de gestão podem instalar a gestão por objetivos dentro da sua organização. Como mencionado anteriormente, o MBO é o processo onde a direção e os funcionários definem objetivos em conjunto e negociam os meios e prazos necessários para alcançar resultados.

Surgindo da obra de Peter Drucker, MBO e a sua utilização variam consideravelmente de acordo com o autor que a conceptualizou.

Foram estabelecidas duas versões:

- O MBO pode ser interpretado de forma 'tecnocrática', concentrando-se em objetivos financeiros. Tudo se concentra nas receitas de vendas, custos ou orçamentos. Cada departamento estabelece os seus próprios objetivos numéricos. Quando um destes objetivos não é atingido, a culpa recai sobre os gestores – neste caso, os gestores e a direção geral da MBO – sem que outros objetivos sejam postos em causa. Por exemplo, estes podem ser estabelecidos durante a elaboração do orçamento: Cada departamento pode estabelecer os seus próprios objetivos precisos que serão revistos dentro de um determinado prazo (por exemplo, numa base trimestral).

- A segunda versão do MBO centra-se nas relações de gestão. Envolve a criação de um acordo formalizado entre gestores e empregados. O desafio com o MBO neste contexto é que não estabelece objetivos nem sequer fornece um plano geral. Estes dois fatores são mais como uma base para avaliar o trabalho realizado entre o gestor e os empregados. Neste caso, a aplicação do MBO é reservada a sectores como os recursos humanos, onde não são necessários objetivos precisos. As entrevistas (mutuamente organizadas) incluem tempo especificamente para discutir os objetivos do empregado e os objetivos que não são necessariamente definidos, dada a estratégia global da empresa e a sua visão inicial. São estabelecidas de acordo com os pontos fracos e fortes dos empregados. Tudo se resume à comunicação.

QUAL VERSÃO UTILIZAR?

Deve favorecer o planeamento financeiro ou as relações de gestão? Se estas duas versões não forem compatíveis, é difícil aplicá-las simultaneamente. Acima de tudo, o MBO é uma ferramenta posta em prática para os participantes – gestores, chefes executivos e diretores gerais. Cabe a estas pessoas escolher a versão mais adequada do MBO.

O que é um programa MBO?

Existem quatro ingredientes principais que constituem um programa de gestão por objetivos:

- (A) validação de objetivos específicos
- (B) tomada de decisão participativa
- (C) um período de tempo definido desde o início
- (D) feedback sobre o desempenho.

Como exemplo, vejamos uma empresa que quer alargar as suas atividades.

- Devem ser estabelecidos objetivos específicos e precisos (A) a fim de se atingir este objetivo. Um aeroporto, por exemplo, poderia utilizar o programa MBO para determinar o que é necessário para aumentar o número de clientes em 3,5%, a fim de aumentar o número de portões de embarque de 12 para 14 durante o ano. Pode também planear como relançar o seu negócio de carga comprando novos edifícios e renovando cinco dos seus aviões mais antigos.

- A tomada de decisões deve ser participativa (B). Os gestores de diferentes departamentos do aeroporto devem decidir em conjunto quais os objetivos a estabelecer e o prazo necessário para os alcançar.

- Os gestores estimam que, para os objetivos que estabeleceram, serão necessários três anos. O período de tempo foi, portanto, estabelecido desde o início.

- Finalmente, para este programa, é necessário agendar uma avaliação de desempenho (D) relativa aos objetivos. Os diretores dos aeroportos organizarão reuniões com os gestores sobre o progresso dos empregados nos seus departamentos. Isto só é feito no final do prazo especificado para o cumprimento dos objetivos. Os gestores e empregados devem definir regularmente objetivos precisos, a fim de medir e controlar os seus esforços. As reuniões de feedback são organizadas após análise da progressão do programa e receção da opinião dos diretores e seus subordinados. Os prémios podem também ser dados nas reuniões de feedback.

ESTE SISTEMA É REALMENTE EFICAZ?

Não existe uma resposta simples a esta pergunta. Várias publicações não apoiam o modelo MBO. No entanto, a maioria concorda com a seguinte afirmação: a aplicação do MBO pode ter um efeito positivo no desempenho dos trabalhadores em alguns casos.

É essencial que os trabalhadores concordem com os objetivos estabelecidos. Se estiverem, o estabelecimento de objetivos ainda mais elevados conduzirá sempre a um melhor desempenho do que aqueles com objetivos mais fáceis. Mesmo que os trabalhadores que concordaram com os objetivos nem sempre os cumpram, o seu nível de desempenho é ainda mais elevado. Para obter este resultado, três fatores devem ser considerados:

- **A importância do feedback.** Para melhorar o desempenho, o feedback eficaz deve ser dado na altura certa à pessoa em questão. Permite medir e perceber os esforços feitos pelo indivíduo, mas também ajustar o nível de dificuldade dos objetivos – seja demasiado alto ou demasiado baixo.

- **Participação.** Os objetivos estabelecidos são mais frequentemente cumpridos quando são fixados pela direção ou através da colaboração? Por mais surpreendente que pareça, estudos demonstram que não existe diferença entre os dois casos. Objetivos decididos em colaboração ou objetivos estabelecidos pela gerência conduzem ambos a resultados semelhantes. Por este motivo, a participação não é um fator determinante. O principal é que os trabalhadores aceitam os seus objetivos, sem necessariamente contribuírem para eles. No entanto, é necessário salientar que a decisão de objetivos em colaboração permite o envolvimento de indivíduos, estabelecendo por vezes objetivos mais elevados para si próprios do que os gestores podem ter.

- **Envolvimento dos diretores.** É também vital que os diretores de empresas sejam envolvidos no processo, uma vez que isso dá aos gestores responsáveis pelos departamentos a confiança necessária para cumprir os objetivos.

O PAPEL DOS EMPREGADOS NO MBO

Aprenderá que a melhoria do desempenho numa empresa que utiliza o MBO exige que o empregado reconheça os seus objetivos estabelecidos. É igualmente importante que os gestores de cada departamento expliquem claramente a ação necessária para os atingir. A definição destes objetivos é uma competência de gestão de topo. Para o fazer, é necessário seguir determinados passos:

O que preciso de fazer?

A cada empregado são atribuídas tarefas e objetivos a completar. A atribuição pode ser baseada nas qualificações dos empregados, por exemplo.

Como motivar os meus empregados?

Em primeiro lugar, é importante estabelecer o nível de desempenho dos trabalhadores em causa. Depois, é possível estabelecer as metas que eles devem cumprir e estabelecer o prazo de que dispõem para completar os seus objetivos. O gestor deve ser sempre realista ao estimar o tempo necessário para os completar.

Envolver ativamente o empregado

Embora o último capítulo nos tenha ensinado que o nível de desempenho dos empregados não varia, quer os objetivos sejam estabelecidos pela direção ou em colaboração, o envolvimento dos empregados oferece uma vantagem: eles aceitá-los-ão mais prontamente. No entanto, este envolvimento deve ser sincero. Se um gestor dedicar tempo a consultar os trabalhadores ao estabelecer objetivos, deve efetivamente ouvir as suas opiniões. Não o fazer pode ter um efeito negativo no desempenho.

Dar prioridade aos seus objetivos

É importante ordenar os objetivos estabelecidos por ordem de dificuldade e importância para garantir que os empregados os abordem em conformidade. Por um lado, isto evita que alguns empregados aceitem apenas as tarefas mais fáceis e deixem os outros. Por outro lado, é também uma forma de reconhecer indivíduos dispostos a enfrentar as tarefas mais difíceis (mesmo que não sejam bem cumpridas no final).

O feedback dá toda a importância

Feedback regular, através de reuniões organizadas entre indivíduos e gestores para avaliar o seu trabalho até à data. Desta forma, os empregados saberão se os seus esforços são suficientes para as tarefas que lhes foram atribuídas.

A recompensa final

Em troca dos seus esforços, os empregados estarão à espera de uma recompensa. No entanto, é importante fazê-los compreender que as recompensas estão ligadas ao número de objetivos cumpridos, e não apenas ao número de horas gastas com eles. Ao fazer isto, o nível de satisfação dos empregados tende a aumentar.

LIMITES E EXTENSÕES DO MODELO

LIMITES E CRÍTICAS AO MODELO

* **A incerteza do sector.** A MBO tem alguns limites, se aplicado a um sector demasiado instável. De facto, o estabelecimento do modelo complicá-lo-ia tanto que se tornaria ineficaz. Por exemplo, os sectores ligados à criatividade (por exemplo, a inovação, a investigação e o desenvolvimento, e a produção artística) são incompatíveis com o modelo, uma vez que é difícil definir objetivos. Pode um investigador organizar realmente a sua investigação de acordo com objetivos definidos? Tendo em conta a natureza do seu trabalho, os objetivos seriam irrelevantes.

* **A evolução das estruturas de trabalho.** As empresas estão lentamente a afastar-se das estruturas tradicionais: os trabalhadores estão a tornar-se mais versáteis, dependem cada vez mais de outros para os objetivos que foram definidos, são agora atribuídos a múltiplas secções do organigrama, etc. Estas mudanças colocam em risco o MBO, uma vez que os trabalhadores já não são geridos por uma única pessoa, o que complica grandemente a utilização do MBO.

* **A evolução dos ambientes de trabalho.** A nossa sociedade conheceu muitas evoluções desde a criação do MBO. No início, os gestores fizeram planos a

longo prazo que eram sistematicamente demasiado otimistas. Além disso, as crises multiplicaram-se (por exemplo, as crises energéticas no início dos anos setenta ou a crise financeira de 2009). Estas evoluções, incluindo muitos avanços tecnológicos, perturbaram a ordem existente e, portanto, a visão dos gestores. Os planos estabelecidos antecipadamente já não são adequados.

Para além dos limites estruturais do processo, o MBO tem os seus críticos. É o caso de William Edwards Deming (médico e estaticista americano, 1900-1993). Segundo ele, a aplicação do MBO tem um impacto negativo na qualidade de trabalho dos empregados. O empregado tenta completar o objetivo estabelecido a qualquer custo, sem prestar atenção à qualidade do trabalho. Outros dizem que se o MBO motiva a realização pessoal, não é necessariamente benéfico para a equipa como um todo: o empregado pode concentrar-se demasiado nas tarefas que tem, esquecendo os objetivos gerais da empresa.

Na prática, é possível resolver alguns destes problemas. Para tal, os gestores devem insistir na qualidade de todo o trabalho. Por exemplo, um vendedor de automóveis deve considerar não só o número de automóveis vendidos, mas também o número de vendas de modelos topo de gama. Para evitar estes resultados, os gestores devem sempre supervisionar a atividade e rever os objetivos para se certificarem de que estes ainda são relevantes.

EXTENSÕES E MODELOS SIMILARES

Objetivos SMART

Este é um dispositivo mnemónico utilizado com o modelo MBO. O método SMART é frequentemente utilizado pelos gestores para os ajudar a realizar os seus projetos. Também pode ser integrado na gestão por objetivos. Um objetivo inclui um indicador através do qual se pode medir o desempenho individual e coletivo. Este indicador de desempenho deve ser Específico, Mensurável, Atingível, Realista e Time-bound. Por outras palavras, um objetivo tem de ser SMART.

Gestão participativa

Esta abordagem de gestão vai contra a visão científica do trabalho e centra-se na visão estreita das pessoas. A gestão participativa baseia-se na ideia de que o trabalhador não é um instrumento, mas um sujeito psico-emocional. A empresa é também um local onde são criadas representações sociais. Os teóricos deste conceito confirmam a importância do desenvolvimento de uma "dimensão humana" para a empresa. Isto poderia ser feito com círculos participativos ou caixas de sugestões. O objetivo desta evolução é que os gestores sejam capazes de alcançar mais facilmente os seus objetivos se envolverem a própria equipa. Para instalar este método de gestão, os princípios ligados a uma gestão justa devem ser observados.

Gestão justa

Os princípios da gestão justa baseiam-se num equilíbrio entre o desempenho económico e o respeito pelo indivíduo. Esta perceção visa estabelecer uma relação vantajosa para todos, entre os gestores e os empregados. Ao escolher este tipo de gestão, a empresa espera estabelecer uma dinâmica ambiciosa e coesa que seja significativa e baseada numa organização clara, adaptada, coerente e progressiva. A principal vantagem deste método é a utilização de energia e de talento de equipa. As relações interpessoais baseiam-se no respeito e reconhecimento mútuo, e não numa hierarquia. Finalmente, uma gestão justa encoraja uma gestão proactiva capaz de fazer mudanças eficazes e com um forte sentido de ética e responsabilidade social.

Gestão baseada em valores

Este tipo de gestão apareceu antes do MBO. É uma teoria baseada na ideia de cultura empresarial. É importante saber que este tipo de gestão não se destina a alterar os valores da empresa e não é um caso de mudança de cultura empresarial. Em vez disso, o ponto principal da gestão baseada em valores é a utilização da cultura dentro da empresa para melhorar o desempenho.

Gestão baseada na competência

Como o nome indica, este tipo de gestão baseia-se nas competências de cada indivíduo que dirige a empresa, sem as gerir ou desenvolver. É necessário que cada empregado desenvolva uma ou várias competências particulares em benefício da estrutura que o emprega. O objetivo desta abordagem é reforçar o capital humano da equipa, o que requer um bom trabalho em recursos humanos – a ênfase é colocada nas competências dos empregados individuais, que estão a ser utilizadas para o bem da equipa.

APLICAÇÕES DO CONCEITO

ACONSELHAMENTO

Este capítulo reúne as etapas postas em prática para aplicar eficazmente o processo de gestão por objetivos. Exemplos concretos da aplicação demonstram cada etapa.

Formulação do objetivo

Este primeiro passo envolve delinear o resultado exato a alcançar, e elaborar um método de avaliação que possa medir e verificar até que ponto foi alcançado. Nesta fase, as três perguntas (quem, o quê, quando) podem orientar o processo de pensamento.

Exemplo:

- **Quem?** Um site de encomenda de refeições online.

- **O quê?** Quer aumentar a sua clientela de 15%.

- **Quando?** Dentro de um ano.

Especificar os objetivos

O objetivo do exemplo pode ser reduzido especificando a linha de ação e os instrumentos e apoio necessários para o alcançar. Por exemplo, um ou alguns dos gestores são nomeados para cumprir o(s) objetivo(s) e são estabelecidos prazos intermédios.

Exemplo: O nosso website de encomendas de refeições decide utilizar publicidade online para alcançar o seu objetivo.

- É escolhido um gestor para monitorizar a compra de espaço publicitário em sítios ligados ao Google.

- Está prevista uma primeira avaliação dos progressos no final dos primeiros três meses.

Seis regras para assegurar a correta utilização do plano

Além de estabelecer objetivos, é também importante seguir estas seis regras:

- clareza

- relevância

- mensurabilidade

- prazo

- exequibilidade

- aceitação.

Exemplo: No caso do nosso negócio, o gerente do departamento de publicidade deve fazer todas as perguntas que se seguem.

- O resultado esperado é concreto, identificável, compreensível e deixa espaço para a interpretação?

- É relevante para a política da empresa e coerente com outras decisões?

- Tem medidas de indicação que o tornam controlável?

- O prazo é uma data precisa para o objetivo global a cumprir, ou são prazos individuais para cada linha de ação?

- Os meios de ações intermédias são suficientes (fase de especificação) e os gestores são capazes de as realizar?

- As pessoas responsáveis pela realização dos objetivos estão de acordo?

O controlo destes fatores pode ser feito de duas maneiras: a regulação do processo e o acompanhamento do progresso.

Uma vez colocadas todas estas questões, o gestor pode contactar a sua equipa para organizar reuniões para encorajar a tomada de decisões participativas. No caso do negócio do exemplo, serão organizadas reuniões com toda a equipa de marketing. Cada pessoa pode então expressar as suas próprias ideias para pôr em prática. Nesta fase, é vital recordar a importância destas reuniões. O gestor que as preparou e organizou espera benefícios reais que contribuam para a realização do objetivo da empresa.

Feedback

Este feedback não deve ter lugar apenas no final do prazo concedido para atingir os objetivos. Podem ser agendadas reuniões regulares ao longo de todo o processo para controlar a exequibilidade dos objetivos estabelecidos, de acordo com a carga de trabalho dada aos empregados.

Exemplo: São organizadas reuniões regulares entre o diretor responsável pelo projeto de publicidade e os outros diretores. Estas reuniões avaliam se os recursos atribuídos ao departamento são suficientes para que este atinja os objetivos estabelecidos.

Recompensas

Se o trabalho realizado for de boa qualidade, pode ser recompensado. Além disso, é importante que o empregado a quem foram dados os objetivos entenda que esta recompensa está diretamente ligada à sua realização.

ESTUDO DE CASO

Vejamos um exemplo da aplicação do MBO, e da gestão em geral, em duas empresas que são hoje mundialmente reconhecidas. Verá que estas aplicações podem ser muito diferentes de acordo com a forma como os gestores aplicaram as teorias ligadas ao MBO.

Apple

Entre 1997 e 2001, quando Steve Jobs (1955-2011) era diretor da Apple, a estratégia organizacional da empresa baseava-se numa forte centralização da informação. Todos recebiam encomendas da mesma pessoa, que circulava informação como a empresa desejava. Em termos de MBO, os objetivos eram estabelecidos por uma pessoa, que depois passava as exigências a cada um dos gestores:

- os objetivos dos gestores, que dependiam diretamente da pessoa no topo da hierarquia da empresa, foram fixados pelos seus superiores hierárquicos;

- os empregados seguiram as ordens dos seus gestores.

Os gestores beneficiaram de pouca liberdade de escolha na forma de alcançar os seus objetivos.

Este método provou a sua eficácia e rapidez. Quando foi cometido um erro:

- os responsáveis puderam detetar rapidamente a área onde o erro foi cometido;

- o impacto no comportamento dos empregados de diferentes departamentos foi direto: este tipo de evento molda a cultura empresarial e obriga os empregados a produzir o produto acabado.

No entanto, o modelo tem os seus limites. Por exemplo, é difícil para a pessoa que dirige o negócio gerir todos os aspetos, especialmente quando os produtos oferecidos são tão variados. A prova é que todos os produtos Apple não são da mesma qualidade: A primeira geração de Apple TV ou MobileMe são menos bem-sucedidos que os outros produtos da empresa.

Google

O método Google, pioneiro da 'Management 2.0', oferece uma aplicação do MBO que é bastante diferente do primeiro exemplo.

A firma sempre foi conhecida pela sua política de recrutamento que favorece fortemente os académicos. Os seus fundadores, os engenheiros informáticos Larry Page e Sergueï Brin, ambos nascidos em 1973, são os próprios recrutadores. Durante algum tempo, o principal critério para a obtenção de um emprego na empresa era a obtenção de um doutoramento, uma vez que isto garantiria a autonomia em relação aos empregados. De facto, os académicos estão habituados a trabalhar sozinhos e a permanecer produtivos. O sistema da Google é muito mais descentralizado do que a maioria das outras empresas: em vez de confiar na hierarquia, baseia-se num grande número de indivíduos. De certa forma, este sistema tem sido muito eficaz porque permitiu ao Google desenvolver uma série de serviços como o Gmail ou o Google Reader. A necessidade de organização geral e hierárquica é menor porque o sistema baseia-se na capacidade de cada indivíduo de estabelecer os seus próprios objetivos.

Mais uma vez, este sistema tem as suas falhas. Uma empresa descentralizada, sem direção coordenada, em constante movimento e minando os esforços feitos, pode transformar-se num desastre. Neste caso, os principais limites foram observados:

- No progresso de certos projetos da empresa. Por exemplo, alguns serviços careciam de interlocutores claramente definidos e pareciam dispersos.

- Quando a empresa cresceu e foi necessário rever o sistema organizacional. Desde então, a Google deixou de recrutar apenas estudantes de doutoramento. Os métodos de gestão e o processo de definição de objetivos também mudaram.

RESUMO

- A gestão por objetivos (MBO) é um processo em que os gestores de linha e o seu pessoal estabelecem objetivos e negociam as ações e os prazos necessários para os cumprir.

- Este conceito surgiu pela primeira vez nos anos cinquenta, quando as empresas americanas tiveram grandes dificuldades em estabelecer uma organização clara.

- Livros de referência: *Gestão por Objetivos* por Peter Drucker, *Gestão por Objetivos em Ação* por John William Humble e *Direção participativa* por Octave Gélinier.

- Vantagem: Se o MBO for aplicado corretamente, pode melhorar o desempenho de uma organização e a satisfação dos empregados.

- Desvantagem: Este tipo de gestão é difícil de aplicar num ambiente instável e é incapaz de se adaptar às evoluções do ambiente de trabalho.

- Extensões: Modelos SMART, gestão participativa, gestão baseada em valores e gestão baseada na competência.

- Aconselhamento: Siga o método SMART: um objetivo deve ser Específico, Mensurável, Atingível, Realista e Time-bound.

- MBO é concebido para gestores de RH, gestores de vendas, gestores operacionais, gestores de projetos, consultores internos e externos, etc.

LEITURA ADICIONAL

BIBLIOGRAFIA

Alexandre-Bailly, F., Bourgeois, D., Gruère, J-P., Raulet-Croset, N., Roland-Lévy, C. e Tran, V. (2013) *Comportements humains et management*. [4ª edição]. Londres: Pearson.

Amaury. (2012) Management d'entreprise : trois exemples que tout se opõe. *De geek à directeur technique*. [Online]. [Acedido a 25 de junho de 2014]. Disponível a partir de: <http://www.geek-directeur-technique.com/2012/07/04/management-dentreprise-trois-exemples-que-tout-oppose>

Delavallée, E. (2009) Management par les objectifs. *Manager-par-les-objectifs.fr*. [Online]. [Acedido a 25 de junho de 2014]. Disponível a partir de: <http://www.manager-par-les-objectifs.fr/>

Drucker, P. (1954) *The Practices of Management*. Nova Iorque: Harper & Row.

Gélinier, O. (1980) *Direcção Participativa Par-objectivos*. Paris: Éditions Hommes et techniques.

Guilbert, P. (2008) *Le B.A.-Ba du management*. Bruxelas: De Boeck.

Humble, J. W. (1970) *Management by objectives in action (Gestão por objectivos em acção)*. Londres/Nova Iorque: McGraw-Hill Book Co Ltd.

Pericchi, J. (1992) *Guide du Management*. Paris: Édition du Seuil.

Robbins, S. e Decenzo, D. (2004) *Management. L'essentiel des concepts et des pratiques*. Londres: Pearson Education.

Rodgers, R. e Hunter, J. E. (1991) Impact of management by objectives on organizational productivity. *Journal of Applied Psychology*. 76(2).

Stahl, R. (2013) *Management, formation et travail en équipe. Pratiques issues du coaching et de l'intelligence collective*. Bruxelas: De Boeck.

Queremos ouvir de si!
Deixe um comentário sobre a sua biblioteca online
e partilhe os seus livros favoritos nas redes sociais!

A editora assegura a fiabilidade da informação publicada, a qual, no entanto, não poderia assumir a sua responsabilidade.

Mestre ISBN: 9782808065719
Papel ISBN: 9782808066006
Depósito legal: D/2022/12603/129

Desenho digital: Primento,
o parceiro digital dos editores.